Catherine Grabowski

Le journal de Théo
UN VOYAGE DE FOUS

Die Cornelsen Vokabeltrainer-App zum Schulbuch. Jetzt in allen
App Stores! Einfach neue Wörter lernen mit dem Smartphone.
Tagestrainings, Extra-Spielemodus, Sondertrainings für Tests
und vieles mehr sorgen für schnellen Lernerfolg und Spaß.

Strasbourg, Avenue Jean Jaurès

Samedi 13 juillet, jour J, ça y est !

C'est l'été, ce sont les vacances, c'est le départ !

Il est 7 heures du matin et Papa est déjà dans la voiture.

Alicia téléphone à son petit copain Armand. Idéfix fait pipi

5 contre un arbre et monte dans la voiture. Maman ferme les

fenêtres et les portes de la maison et moi, je porte l'aquarium

avec Némo et Dorie chez la voisine.

Bonnes vacances,
les poissons !
À bientôt !

Et voilà. On quitte la maison. On va dans le sud, dans les

Pyrénées, à l'autre bout de la France. Pourquoi les Pyrénées ?

10 Ah ça, c'est compliqué ! Je vous explique...

Vacances : la définition des parents

Pendant les vacances, mes parents veulent être tranquilles.
Mais qu'est-ce que cela veut dire, tranquille ?
Pour ma mère, ça veut dire être dans la nature, faire du sport
et observer les animaux. Elle aime les randonnées, les chevaux,
5 le VTT. Elle est même contente quand il pleut ! Être en montagne
et regarder les marmottes : pour elle, c'est ça, être tranquille.

Mais pour mon père, être tranquille, c'est aller à la mer. Il adore
la plage, le soleil, les bateaux, nager, regarder les poissons,
manger des poissons... Il aime aussi le sport, mais le sport à la
10 télé ou à la radio... Prendre l'apéritif au Vieux Port et écouter les
résultats du Tour de France : pour lui, c'est ça, être tranquille.

Voilà pour les parents. Pour nous, les enfants, c'est différent...

Vacances : la définition des enfants

Pour Alicia, ma sœur, être tranquille, c'est fermer la porte de sa chambre (où elle chatte pendant des heures avec son copain Armand).

5 Et pour moi ? Et bien moi, je ne veux pas être tranquille. Moi, j'aime l'action ! En vacances, je veux faire des activités intéressantes !

Je veux faire des expéditions 10 surréalistes pour sauver la planète !

Je veux aller au Tibet et faire des reportages sensationnels !

Je veux voler avec des machines formidables !

Je veux faire beaucoup de trucs super cool et pas tranquilles du tout... Le problème ? Je veux bien faire du camping. Je veux bien préparer des spaghettis pendant deux heures sur un réchaud. Je veux bien traverser le camping pendant la nuit pour aller aux toilettes... Mais je déteste les randonnées avec mes parents. Je déteste porter un sac de 10 kilos pendant 30 kilomètres. Je déteste marcher pendant des heures en montagne quand Maman chante pour nous donner du courage. Je déteste encore plus être sur un cheval qui ne veut pas avancer. Et surtout, je déteste écouter mon père quand il n'est pas content ! Je trouve qu'on peut aussi bien visiter la région en voiture... ou avec Google Streetview... Bref, moi, j'aime les vacances comme cela :

Vacances : la solution de la famille Valin

Donc les vacances, dans ma famille, c'est compliqué...
Vous pouvez imaginer l'ambiance chez nous devant la carte
de France !

La Bretagne est une région où on
5 peut faire des randonnées au bord
de la mer, mais il pleut trop !

À Angoulême, on peut passer des
super vacances... C'est la ville de la
bédé ! Mais ma famille ne veut pas !

10 Enfin un truc pour Alicia ! Son rêve ?
Aller à Paris-Plages ! Mais Papa travaille
à Paris toute l'année. Alors il ne veut
pas passer ses vacances là-bas.

À Levallois, il y a mon copain Noah.
15 Il passe les vacances chez son père !

L'Auvergne est un endroit où il y
a beaucoup de volcans. C'est
intéressant pour ma collection
de pierres... Mais Alicia et mon
20 père n'aiment pas les volcans...

Jade passe ses vacances au bord
du lac Léman. C'est tranquille,
c'est entre la France et la Suisse !

À Marseille, il y a les calanques
5 et le Vieux Port. Mais ma mère
préfère les montagnes.

En Corse, il y a des montagnes
près de la mer, mais c'est trop
loin et trop cher.

10 Mes parents ont trouvé une
solution : les Pyrénées. Ce sont
des montagnes, mais pas très loin
de la mer. Nous allons à Gavarnie.
C'est près de l'Espagne. L'endroit
15 est assez joli. Il y a même des lacs !
En plus, la cousine de ma mère
n'habite pas loin, à Foix.
Elle s'appelle Stéphanie et nous
allons passer une nuit chez elle.
20 Mes parents sont contents.
Surtout Maman !

Les Vosges

Auvergne

Lac Léman

Marseille

Corse

nées

Sur l'autoroute, près des Vosges

Donc, nous allons dans les Pyrénées. Il est déjà 7 heures 30.
Il fait beau. Papa et Maman écoutent la radio. C'est un reportage
sur le Tour de France. Demain, le Tour arrive à Lyon ! Mais ça
énerve Alicia. Elle veut écouter sa musique préférée, le chanteur
5 colonel Reyel. Nous passons à côté des Vosges.

Je pense à Clara. Elle va faire beaucoup de balades avec
ses grands-parents dans les Vosges pendant les vacances.

Elle va aller à la Volerie des Aigles.

Elle va visiter le château du Haut-Kœnigsbourg.

Des lacs, Clara va en voir de toutes les couleurs...

Zut, pourquoi est-ce que mes parents veulent aller dans les Pyrénées ? Pourquoi est-ce qu'ils ne peuvent pas être tranquilles dans les Vosges ? Moi, j'aime bien les Vosges! Je voudrais bien rester au bord du lac Blanc avec Clara...

À la station-service

8 heures 50, on fait une pause-pipi près de Besançon. Je fais
une petite balade avec Idéfix sur le parking. Ma sœur ne nous
accompagne pas. Pourquoi ? Parce qu'elle téléphone à Armand !
Dans le magasin de la station-service, j'achète un magazine de
5 bédés et des chewing-gums. Ma mère achète un magazine de
mode avec Guillaume Canet sur la couverture. C'est son idole !
L'horreur !
Mon père fait le plein de diesel. Il regarde la carte. Il est content
parce qu'on avance vite. On va arriver à Lyon vers midi, c'est
10 super ! Mon père aime beaucoup Lyon parce que c'est une ville
où on mange bien. Saucisses, steak, quenelles, andouillette à
la moutarde… mon père adore !

9 heures 35… On va repartir. Mon père regarde les bagages.
Est-ce que le coffre est bien fixé ? Parce que les bagages aussi,
15 c'est un problème dans notre famille.

Le problème des bagages

Voilà les affaires de mon père :

Voilà la liste de ma mère

Carte france
dictionnaire d'espagnol
jumelles
appareil photo
tente
chaise de camping
table de camping
réchaud de camping
crayons
stylos
médicaments contre les allergies
...

Et voilà les affaires de ma mère :

Ça, c'est ma mère ! Elle veut des vacances tranquilles et nous, on a des devoirs !

Et voilà les affaires de ma sœur. Ma sœur déteste les vacances.
Elle déteste partir à la mer et elle déteste partir à la montagne.
Pourquoi ? Parce qu'elle veut rester à Strasbourg avec Armand...
Armand son prince charmant ! Je rigole, mais c'est très sérieux.
5 Elle ne peut plus le quitter !

une photo d'Armand

son portable pour écrire
des textos à Armand et
téléphoner à Armand

une carte d'Armand pour « Mademoiselle Alicia Valin »

un stylo pour
écrire à Armand

Un souvenir de Paris...
et cadeau d'Armand !

une trousse de maquillage
pour être jolie quand elle fait
une photo pour Armand

de l'argent pour le cybercafé
(pour chatter avec Armand)

Une robe de princesse, des chaussures
de plage, des bijoux... pourquoi tout
ça ?

Au sud de Besançon

On continue ! Il fait chaud maintenant dans la voiture. Papa
mange des bonbons à la menthe et Maman chante des chansons
de Bénabar. Alicia pense à Armand, et Idéfix ? Il rêve.

Et moi, je dessine… On continue encore deux heures, c'est
5 presque tranquille, mais tout à coup…

La voiture a un problème ! Papa freine. Alicia crie. Qu'est-ce
qu'elle a ? Est-ce qu'elle est blessée ? Non, mais Idéfix est tombé
dans sa trousse de maquillage !

Catastrophe ! Papa descend et regarde le moteur. C'est une
10 panne ! Maman ne chante plus. Je descends aussi. Je regarde
la route, la voiture, les bagages, mes parents… C'est l'horreur !
Qu'est-ce qu'on va faire ?

Papa appelle son assurance. Je l'aide : je regarde le GPS et la carte de France. On est au Pont de Vau, près de Mâcon. Maintenant, l'assurance appelle un garage à Mâcon. Ils vont arriver bientôt. On attend.

5 Génial ! Les aventures commencent. Une dépanneuse arrive et emmène notre voiture au garage. Nous montons tous dans la dépanneuse. Idéfix et moi, nous sommes entre Papa et le garagiste. Papa n'est pas très content, mais le garagiste est cool. Il a un drôle de nom : il s'appelle Gnafron Lefranc. En plus, il
10 ressemble beaucoup à Gaston Lagaffe et il aime le Marsupilami... Est-ce qu'il va pouvoir réparer notre voiture ?

Le garage Gnafron Lefranc

Ici, il y a un tas de machines : des ordinateurs,
deux mini-chaînes, des moteurs de voitures, cinq
ou six télévisions, une hélice de bateau, et même
un morceau de tram ! Est-ce que Gnafron Lefranc
5 va trouver ici les pièces pour réparer la voiture ?

Les baskets de Gnafron Lefranc...
elles sont énormes !

la collection de vélos
de Gnafron

Une idée de Gnafron,
le VTT à moteur !

Le cycliste préféré de Gnafron Lefranc ! Une photo du Tour de France à Mâcon !

TOUR de FRANCE

MÂCON

... et ça, c'est le vélo de Gnafron !

C'est clair : Gnafron Lefranc répare les voitures, mais il préfère les vélos !

Au bord de la Saône

Après quelques minutes, Gnafron Lefranc a trouvé le problème mais il manque une pièce! La pièce va arriver lundi. Dans trois jours ! Pour les parents, ce n'est pas tranquille du tout. Maman énerve Papa. Papa énerve le garagiste. Alicia téléphone à Armand.

5 Je vais faire un tour avec Idéfix. On marche au bord de la Saône. Il y a beaucoup de soleil, le temps est formidable. Et puis, c'est très joli ici. Il y a une cathédrale, un château et des maisons du Moyen-Âge. Je passe devant un restaurant où il y a des menus gastronomiques. Voilà un truc pour Papa!

10 Il y a des affiches pour le Tour de France partout... Ça, c'est aussi un truc pour Papa...

notre **TOUR** à **MÂCON**
c'est dimanche **14** juillet à 10h45

Je regarde l'affiche et tout à coup, j'ai une idée ! Papa peut rester à Mâcon avec la voiture jusqu'à lundi. Alicia, Maman et moi, on peut déjà aller chez la cousine de Maman à Foix ! Et puis lundi,

15 Papa passe nous prendre à Foix et on va ensemble à Gavarnie.

Je retourne au garage et j'explique mon idée aux parents.
Maman est contente parce qu'elle déteste les garages. Papa est
très content aussi parce qu'à Mâcon, il peut regarder le Tour de
France et manger des andouillettes !
5 Maman appelle sa cousine Stéphanie. Papa appelle encore une
fois l'assurance... Et ça marche ! L'assurance va payer une
chambre à l'hôtel pour Papa, et pour nous, le bus et le train
jusqu'à Foix. Génial, non ?
Il y a juste un problème : Idéfix n'aime pas les trains. Alors il va
10 rester à Mâcon avec Papa... Je lui promets une saucisse de Lyon
pour le dessert.

Maman prépare un sac avec les affaires indispensables : des pulls
et des t-shirts, des slips, une lampe de poche, nos brosses à
dents, le cadeau pour la cousine Stéphanie... Alicia prend quand
15 même sa trousse de maquillage et ses chaussures de plage...
Ah là là, les filles ! !
On dit « au revoir » à Gnafron Lefranc... c'est dommage !
J'aimerais bien faire un stage dans son garage et fabriquer des
machines formidables comme dans les bédés de Gaston Lagaffe !

À la gare de Mâcon

Aller de Mâcon à Foix en train, c'est super difficile... Dans un jeu vidéo, ce serait niveau 10 pour les pros !

Nous allons à la gare où on nous donne ce plan :

Encore sept heures de train ! Ça va être long! On achète des
5 sandwichs, des fruits et deux bouteilles d'eau pour le voyage.
Il reste 20 minutes avant le départ. Je joue avec Idéfix. Mais où
est Alicia ? Elle est aux toilettes. Qu'est-ce qu'elle fait ? Je ne
comprends pas. Notre bus va bientôt arriver... Ah, voilà Alicia !
Elle est contente ! Maintenant, je comprends : elle a rechargé son
10 portable dans les toilettes. Elle va pouvoir téléphoner pendant
le voyage !

Le bus pour Lyon

Nous cherchons le bus pour Lyon. Papa et Idéfix nous
accompagnent. Voilà l'arrêt de bus ! Il est à côté d'une boucherie.
Idéfix ne me regarde plus. Il pense à son dessert. On embrasse
Papa. Il nous dit « à bientôt ». Je prends le sac avec nos affaires,
5 Maman prend nos sandwichs, Alicia prend son sac. Le bus arrive
et c'est parti !
Sur la route, il y a déjà des messages pour les cyclistes du Tour
de France. Demain, ils vont passer ici !

À la gare de Lyon

Nous arrivons à Lyon. Je pense à Jade.
Elle va passer trois semaines chez sa
tante à Lyon. Mais maintenant, elle
est encore au bord du lac Léman où
5 elle passe une semaine avec son père !
On ne va pas pouvoir prendre un coca
ensemble à la gare de Lyon Part-Dieu !
Je prends en photo le lion de la gare
de Lyon pour Idéfix.

10 On a une demi-heure avant le départ du TGV. On regarde le plan,
on cherche le quai, on perd encore une fois Alicia... Où est-ce
qu'elle est ? Maman va faire une crise de nerfs ! Ah, elle est là,
dans un magasin. Elle achète une carte pour Armand. Elle arrive.
Je regarde la carte. C'est un château. Je fais une blague : « Tu
15 achètes un château pour ton prince charmant ? » Mais Alicia
ne rigole pas... Ma sœur a vraiment un caractère de chien !

Dans le TGV pour Toulouse

Il est quatre heures. On monte dans le TGV. Nous n'avons pas
de réservation et il y a beaucoup de monde. Il fait très chaud.
Maman trouve une place pour notre sac près de la porte et
une place pour elle à côté d'une mamie. Moi, je suis près d'une
5 fenêtre. En face de moi, des enfants crient. Ils n'aiment pas
les voyages en train. Et leurs parents sont énervés. J'ai une idée.
J'invente un jeu. On fabrique des catapultes avec les horaires
de train. C'est très facile, regardez:

une boule
de papier

une règle

Les enfants rigolent. Maintenant le temps passe vite. L'ambiance
10 est super ! Même Alicia est cool tout à coup. Elle parle avec
le grand frère de mes nouveaux copains. Il s'appelle Léandre et il
habite à Paris. J'entends le portable d'Alicia. Des textos arrivent
mais elle ne répond plus. Qu'est-ce qui se passe ? Est-ce que son
prince charmant va changer ?
15 Je lance une boule avec ma
catapulte sur ma sœur pendant
qu'elle utilise sa trousse de
maquillage. Zut ! Elle est jolie
ma sœur, n'est-ce pas ?

On passe près d'Avignon où il y a beaucoup de jolis ponts !

Montpellier, Sète, Agde, Béziers... on roule au bord de la mer...
Carcassonne, Castelnaudary... C'est joli ici !

L'arrivée à Toulouse

Voilà enfin Toulouse ! Nous descendons du train. Je ne peux presque plus marcher. Léandre et sa famille continuent leur voyage. Ils vont jusqu'à Hendaye, puis en Espagne. Les enfants me font coucou par la fenêtre. Je suis leur héros !

Le train part. Je leur dis « salut » ! Ils sont vraiment sympa !
Alicia aussi regarde longtemps le train. À côté de nous, maman
est fatiguée. Elle fait une drôle de tête. Tout à coup, elle crie :
« Zut ! Notre sac ! Notre sac est dans le train ! Notre sac va à
5 Hendaye ! »
Mais il est trop tard ! Le train n'est plus là. C'est l'horreur !
Qu'est-ce qu'on va faire ?
Je regarde Maman. Maman regarde Alicia. Alicia regarde un truc
sur le quai de la gare. Elle le prend. C'est un avion en papier
10 avec un nom et un numéro de portable.

Le petit train pour Foix

On prend le train pour Foix. Ce n'est pas un TGV, c'est un TER.
Il est petit. Il ne va pas très vite. Il stoppe dans toutes les villes.
Alicia téléphone à Léandre. Il est encore dans le TGV. Il trouve
notre sac. Alors Maman parle avec Léandre et ils trouvent une
5 solution. Léandre va prendre notre sac et quand Papa va venir
avec la voiture, on va aller en Espagne pour chercher le sac.
Génial ! Ça, c'est vraiment une aventure. Vive les vacances !
Alicia aussi est très contente. Elle téléphone encore longtemps
avec Léandre. Ils règlent les détails.

10 Nous arrivons à Foix. La cousine Stéphanie nous attend sur le
quai. Elle travaille dans une boulangerie et elle aime beaucoup
les gâteaux... et elle ressemble un peu à un gâteau, regardez !

Le mystère de Roquefixade

Stéphanie parle beaucoup et elle adore faire des blagues.
Elle habite avec sa fille Jeanne dans un village à côté de Foix,
Roquefixade. On monte dans sa camionnette. Cool ! C'est
la camionnette de la boulangerie.

5 Stéphanie roule vite parce que sa fille est seule à la maison.
Jeanne est déjà au lit. Elle est petite. Elle a trois ans... c'est-à-
dire elle a encore trois ans aujourd'hui, mais demain, elle va
avoir quatre ans ! Et nous allons fêter son anniversaire avec elle !
Le village où habitent Stéphanie et Jeanne est à côté d'un
10 château. Nous arrivons tard: il est presque onze heures...

Dans la cour, tout est noir. Je regarde le château. Il est noir aussi. Maman, Stéphanie et Alicia rentrent dans la maison. Je reste encore un peu dans la cour.

Tout à coup, je vois un truc... Il y a des hommes près du château.

5 Trois hommes. Ils marchent sur les murs. Je les regarde. Qu'est-ce qu'ils font ?

On dirait qu'ils ont des revolvers. Est-ce que c'est possible ?

J'ai un peu peur. Est-ce que ce sont des gangsters ? Ou alors des agents secrets avec des missions spéciales ?

Maman m'appelle. Je vais dans la cuisine de Stéphanie où une surprise m'attend. Un énorme dîner ! Tout est prêt : il y a du confit de canard, des frites, de la salade et une croustade aux pommes pour le dessert. Stéphanie adore faire la cuisine... et elle
5 est une super cuisinière !

> Vous n'êtes pas souvent là, alors, on va fêter ça !

C'est très bon ! Nous mangeons beaucoup. J'oublie le château et les trois hommes. Stéphanie et Maman parlent beaucoup. Elles parlent de leurs souvenirs d'enfance chez leur Mamie, mon arrière-grand-mère ! Elles ont souvent passé leurs vacances
10 là-bas, et leurs souvenirs sont drôles ! On rigole. Même Alicia est contente.

L'anniversaire de Jeanne

On fait aussi des plans pour demain, parce que demain, c'est
l'anniversaire de Jeanne, la fille de Stéphanie. Stéphanie veut
faire un pique-nique dans le château. C'est le château à côté de
la maison... Le château où habitent les copains de James Bond...
5 Je pense aux trois hommes. Est-ce que c'est un rêve ? Est-ce
qu'ils ont vraiment des revolvers ?
Stéphanie nous montre le pique-nique... Elle a déjà préparé
trois gâteaux, une salade de fruits, des pizzas, des bonbons, des
bougies... Elle dit « Ce n'est pas souvent son anniversaire, alors
10 on va fêter ça ! » Stéphanie adore fêter des trucs... Et demain,
Jeanne va être la princesse d'un jour !
Il est 23 heures 55, je suis très fatigué. Tout à coup la porte
de la chambre de Jeanne s'ouvre et Jeanne arrive. Stéphanie
embrasse sa fille. Elle ne dit pas : « Va dans ton lit ! » Elle dit :
15 « On va aller dans la cour».
Dans la cour ? Mais pourquoi ?

Nous sortons. Il fait froid maintenant. Je regarde le château.
Les trois hommes ne sont plus là. Mais tout à coup on entend
un grand

BOUM!

20 Et c'est la catastrophe ! Le château explose, il y a du feu de tous
les côtés !

Maintenant, je comprends ! Les trois hommes, ce ne sont pas des agents secrets, ce sont les gens qui préparaient le feu d'artifice du 14 juillet. C'est fou ! J'ai complètement oublié le 14 juillet !

Dimanche, 14 juillet

Nous avons eu une nuit tranquille ! Maintenant nous sommes au château. Le temps est fantastique, la vue est fantastique, la cousine de Maman est fantastique, le pique-nique est fantastique...

5 Tout à coup, le portable d'Alicia sonne. Qui est-ce que c'est ? Armand ? Léandre ?

Non ! Surprise : c'est Papa ! Il a pris Idéfix en photo avec le Tour de France, regardez !

Vocabulaire

Der Lernwortschatz aus **À plus! 1**, *Nouvelle édition*, Unité 8 ist mit einem Sternchen * gekennzeichnet.
Formen des *conditionnel*, *passé composé*, des *imparfait* sowie unregelmäßige Verben sind in der konjugierten Form angegeben.

Symbole und Abkürzungen	
f.	*féminin*/feminin (weiblich)
m.	*masculin*/maskulin (männlich)
pl.	*pluriel*/Plural (Mehrzahl)
qc/etw.	*quelque chose*/etwas
qn/jd/jdn/jdm	*quelqu'un*/jemand/jemanden/jemandem
adj.	*adjectif*/Adjektiv
fam.	*familier*/umgangssprachlich

A

À bientôt !* Bis bald!

à l'autre bout de qc am anderen Ende von etw.

l'affaire *f.* die Sache

l'affiche *f.* das Plakat

l'agent secret *m.* der Geheimagent

Angoulême *Stadt in Südwestfrankreich, in der jährlich ein Comicfestival stattfindet*

l'andouillette *f. Würstchen aus Innereien*

l'apéritif *m.* der Aperitif (= *alkoholisches Getränk, das vor dem Essen getrunken wird*)

l'appareil photo *m.* der Fotoapparat

après-demain übermorgen

l'arbre *m.* der Baum

l'arrêt de bus *m.* die Bushaltestelle

l'assurance *f.* die Versicherung

l'Auvergne die Auvergne (= *Region Frankreichs im Zentralmassif*)

au bord du lac* am See (-ufer)

l'autoroute *f.* die Autobahn

l'aventure *f.* das Abenteuer

avoir peur Angst haben

avoir un caractère de chien ein schwieriger Mensch sein

l'avion en papier *m.* das Papierflugzeug

B

les bagages *m. pl.* das Gepäck

l'hélice de bateau *f.* die Schiffsschraube

les baskets *f. pl.* die Turnschuhe

beaucoup de monde* viele Leute

le bijou / les bijoux das Schmuckstück / der Schmuck

la blague der Witz

blessé/e *adj.* verletzt

Bonnes vacances ! Schöne Ferien!

la boucherie die Metzgerei

la boule de la mort *fam.*
die Wahnsinns-/Todeskugel

la boule de papier die Papierkugel

bref, ... kurzum

la Bretagne *f.* die Bretagne (= *Region in Nordwestfrankreich*)

la brosse à dents die Zahnbürste

C

Ça y est!* Geschafft!
hier: es ist so weit!

le cahier de vacances *Arbeitsheft, mit dem französische Schüler/innen den Unterrichtsstoff des letzten Jahres während der Sommerferien wiederholen können*

calme *adj.* ruhig

la calanque* die Felsbucht

la camionnette der Lieferwagen

le camping* das Zelten, *auch:* der Campingplatz

la carte* die Postkarte (la carte *ist die kurze Form von* la carte postale), *hier:* die (Land-) Karte

ce serait das wäre

c'est-à-dire das heißt

c'est clair es ist klar

c'est dommage das ist schade

C'est parti ! Los geht's!

cela veut dire das bedeutet

celui der, die, das (*Pronomen*)

changer sich ändern

le château / les châteaux* das Schloss

le château du Haut-Kœnigsbourg*
die Hohkönigsburg (= *Schloss im Elsass*)

la chaussure der Schuh

le chéri / la chérie der Liebling

le cheval / les chevaux* das Pferd

avoir un caractère de **chien** ein schwieriger Mensch sein

le coffre der Kofferraum

compliqué/e *adj.* kompliziert

complètement ganz, völlig

le confit de canard das Enten-Konfit

le contrôleur der Fahrkarten-kontrolleur

le petit **copain** / la petite **copine**
fester Freund / feste Freundin

la Corse Korsika

elle va en voir de toutes les couleurs *fam.* *ungefähr:* da kann sie sich noch auf etwas gefasst machen

le courage der Mut

donner du courage à qn jdm Mut machen

la couverture die Decke, *hier:* die Titelseite, der Umschlag

la crise de nerfs der Nerven-zusammenbruch

la croustade aux pommes
der gedeckte Apfelkuchen

le/la cycliste der Radfahrer, die Radfahrerin

D

de tous les côtés von allen Seiten

déjà schon, bereits

la dépanneuse der Abschleppwagen

descendre (hin)absteigen

le diesel   der Diesel

différent/e *adj.*   verschieden, unterschiedlich

le dîner   das Abendessen

discuter   sich unterhalten

donner du courage à qn   jdm Mut machen

donner qc à qn   jdm etw. geben

E

écrire (qc)   (etw.) schreiben

elle dort   sie schläft

elle répond   sie antwortet

elle s'ouvre   sie öffnet sich

elle va en voir de toutes les couleurs *fam.*   *ungefähr:* da kann sie sich noch auf etwas gefasst machen

embrasser qn   jdn umarmen, *auch:* jdn küssen

emmener qn/qc   jdn/etw. mitnehmen

énerver qn   jdn nerven

enfin   endlich

en montagne*   in den Bergen

encore une fois   noch einmal

l'enfance *f.*   die Kindheit

envoyer qc   etw. schicken, senden

l'Espagne *f.*   Spanien

l'est *m.*   der Osten

l'été* *m.*   der Sommer

l'expédition *f.*   die Expedition

expliquer qc à qn   jdm etw. erklären

exploser   explodieren

F

fabriquer qc   etw. herstellen

faire coucou à qn *fam.*   jmd zuwinken

faire du camping*   zelten

faire la cuisine   kochen

faire le plein   volltanken

faire un tour   eine Runde drehen

faire une drôle de tête   ein komisches Gesicht machen

fatigué/e *adj.*   müde

la fenêtre   das Fenster

fêter qc*   etw. feiern

le feu   das Feuer

le feu d'artifice*   das Feuerwerk

fixer qc   etw. befestigen

le fleuve   der Fluss

formidable *adj.*   toll, stark

fou/folle *adj.*   verrückt

freiner   bremsen

G

la gare   der Bahnhof

le garage   die Werkstatt; *auch:* die Garage

le/la garagiste   der/die Kfz-Mechaniker/in

Gavarnie*   *Dorf in den Pyrenäen*

génial/e* *adj. fam.*   toll, genial, super

Genève   Genf

les gens *m. pl.*   die Menschen, Leute

H

l'hélice de bateau *f.*   die Schiffsschraube

le héros / l'héroïne *f.*   der Held, die Heldin

les horaires (de train) *f. pl.*   der (Zug-) Fahrplan

l'hôtel *m.*   das Hotel

I

il a pris qc   er hat etw. genommen
il descend   *hier:* er steigt aus
il écrit   er schreibt
il est tombé   er ist gefallen
Il fait beau.*   Es ist schönes Wetter.
Il fait chaud.*   Es ist warm/heiß.
Il fait froid.*   Es ist kalt.
il faut + *inf.*   man muss / wir müssen
il part   er geht weg / fährt ab
Il pleut.*   Es regnet.
ils préparaient qc   sie haben etw.
   vorbereitet
imaginer qc   sich etw. vorstellen
interdit/e *adj.*   verboten
inventer qc   etw. erfinden
indispensable *adj.*   unverzichtbar

J

je descends   *hier:* ich steige aus
je lui promets   ich verspreche ihm/ihr
Je t'embrasse.*   Liebe Grüße
   (= *Schlussformel in einem an eine/n*
   Freund/in gerichteten Brief)
je vois qc   ich sehe etw.
le jour J   der Tag X
le journal   das Tagebuch, *auch:* die
   Zeitung
les jumelles* *f. pl.*   das Fernglas

L

là-bas   dort
le lac*   der See
le lac Blanc*   der Weiße See
   (= *Bergsee in den Vogesen*)

le lac Léman*   der Genfer See (= *See*
   in der Schweiz)
laisse-moi   lass mich
la lampe de poche   die Taschenlampe
lancer qc   etw. werfen
Levallois*   *Levallois-Perret ist ein*
   Vorort von Paris
long/ue *adj.*   lang, weit
longtemps   lange

M

la machine   die Maschine
Mademoiselle/Mlle*   Fräulein
   (= *Anrede, wenn man sich an eine*
   junge Frau wendet)
le magazine   die Zeitschrift
malade *adj.*   krank
manquer   fehlen
beaucoup de **monde***   viele Leute
marcher   laufen, gehen
la marmotte   das Murmeltier
Marseille*   *französische Stadt am*
   Mittelmeer
la menthe   die Minze
la mer*   das Meer, die See
mignon/ne *adj.*   süß, niedlich
la mode   die Mode
la trousse de **maquillage**   die
   Schminktasche
le morceau   das Stück
le moteur   der Motor
le mur   die Mauer

N

nager*   schwimmen
nous descendons   wir steigen ab/aus

nous sortons wir gehen hinaus
la nuit* die Nacht, nachts

O

observer qn/qc* jdn/etw.
beobachten
on dirait que man könnte meinen,
dass
on entend man hört
on perd wir verlieren
où* wo (Relativpronomen)
oublier qc etw. vergessen

P

l'avion en **papier** m. das Papierflugzeug
partager qc etw. teilen
partir weggehen, wegfahren
passer prendre qn jmd abholen
(kommen)
payer qc etw. bezahlen
penser à qn/qc an jdn/etw. denken
perdre qn/qc jdn/etw. verlieren
le petit copain / la petite copine
fester Freund / feste Freundin
la peur die Angst
la pièce das Teil
le pique-nique das Picknick
la plage* der Strand
le plan der (Fahr-) Plan
la planète der Planet
porter qc etw. tragen
pour lui für ihn
prendre en photo qc* etw.
fotografieren
presque fast

le prince charmant der Traumprinz
la princesse d'un jour* Prinzessin
für einen Tag
le pro fam. der Profi
les Pyrénées* f. pl. die Pyrenäen
(= französisch-spanisches Grenz-
gebirge)

Q

le quai der Bahnsteig
quand* wenn, immer wenn
Quelle chance!* Was für ein Glück!
quelques einige, ein paar
Qu'est-ce qui se passe? Was ist los?
les quenelles f. pl. die Klößchen
quitter qn/qc jdn/etw. verlassen

R

la randonnée* die Wanderung
régler qc etw. regeln
réparer qc etw. reparieren
repartir wieder abfahren
le résultat das Ergebnis
ressembler à qn/qc jdm/etw.
ähnlich sehen
rester* bleiben
recharger qc etw. aufladen
le réchaud der Campingkocher
la robe de princesse
das Prinzessinnenkleid
rouler fahren, auch: rollen
la route die Straße

S

la saucisse die Wurst
sensationnel/le adj. sensationell

sérieux/ sérieuse *adj.* ernst

seul/e *adj.* einsam, allein

le soleil* die Sonne

la solution die Lösung

sonner klingeln

le souvenir* die Erinnerung

le souvenir d'enfance die Kind-
heitserinnerung

le stage* das Praktikum

la station-service die Tankstelle

le sud der Süden

la Suisse* die Schweiz

surtout vor allem, besonders

T

le temps* das Wetter

! le temps = die Zeit / das Wetter

la tente* das Zelt

le TER (= *französischer Regional-
verkehrszug) = Transport Express
Régional*

faire une drôle de **tête** ein
komisches Gesicht machen

le texto die Textnachricht (SMS)

le TGV der TGV (= *französischer
Hochgeschwindigkeitszug) = Train
Grande Vitesse*

le Tibet Tibet

tirer sur qc/qn auf etw./jd zielen

le Tour de France* *berühmtes
dreiwöchiges Radrennen durch
Frankreich, das jährlich im Juli
stattfindet und in Paris endet*

tout à coup plötzlich

toute l'année das ganze Jahr über

le train der Zug

tranquille *adj.* ruhig, entspannt

traverser qc etw. überqueren

la trousse de maquillage die
Schminktasche

U

un tas de* eine Menge, ein Haufen

utiliser qc etw. benutzen

V

Bonnes **vacances !** Schöne Ferien!

venir kommen

vers gegen

le Vieux Port* *Stadtviertel von
Marseille*

le village das Dorf

le voisin / la voisine der Nachbar,
die Nachbarin

la voiture das Auto

le volcan der Vulkan

voler fliegen

la Volerie des Aigles* *Adlerpark in
den Vogesen*

le voyage de fous die verrückte
Reise

vraiment wirklich

le VTT (=le vélo tout-terrain)*
das Mountainbike

la vue die Aussicht

À plus!

Le journal de Théo

UN VOYAGE DE FOUS

Catherine Grabowski
mit Illustrationen von Hélène Badault

Vokabelannotationen
Dorothee Flach

Verlagsredaktion
Julia Goltz (Projektleitung), Dorothee Flach

Umschlaggestaltung
werkstatt für gebrauchsgrafik, Berlin

Layout und technische Umsetzung
orangerie · grafikdesign, Berlin

Tonaufnahmen: Sören Schrader, Berlin
Sprecherin: Sylvie Krause-Grégoire

Unter www.cornelsen.de/webcodes gibt es als Download
- das Hörbuch zu *Un voyage de fous*. Gib folgenden Webcode ein: APLUS-LEC-3
- passende Arbeitsblätter. Gib folgenden Webcode ein: APLUS-LEC-4

www.cornelsen.de

1. Auflage, 7. Druck 2022

Alle Drucke dieser Auflage sind inhaltlich unverändert
und können im Unterricht nebeneinander verwendet werden.

© 2013 Cornelsen Schulverlage GmbH, Berlin
© 2018 Cornelsen Verlag GmbH, Berlin

Druck: AZ Druck und Datentechnik GmbH, Kempten

ISBN 978-3-06-021457-0

PEFC zertifiziert
Dieses Produkt stammt aus nachhaltig
bewirtschafteten Wäldern und kontrollierten
Quellen.

PEFC™
PEFC/04-31-2260

www.pefc.de